改訂版 私立・国立

小学校入試類似問題集

模写・点図形B

Shinga-kai

Ⓐ

Ⓑ

模写①

A 1分 B 1分30秒

A

B

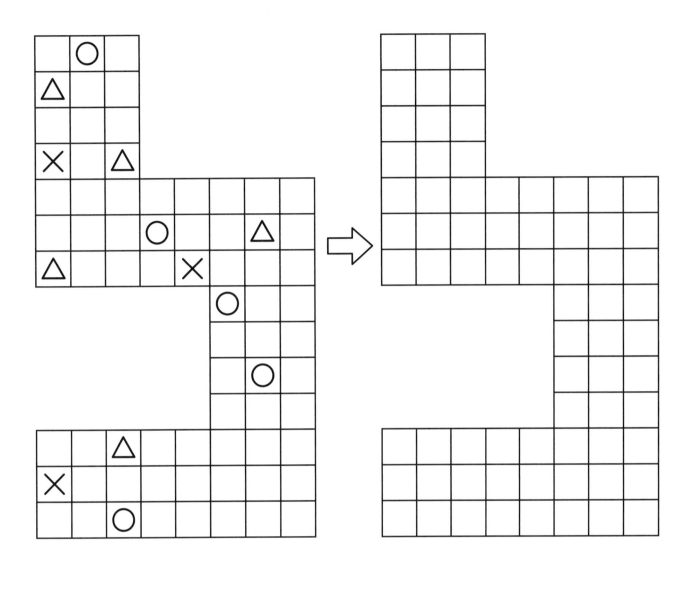

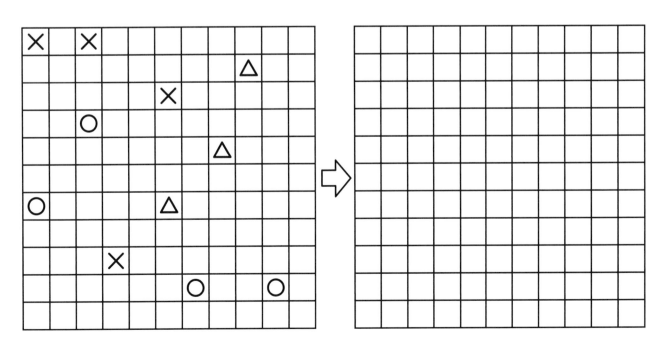

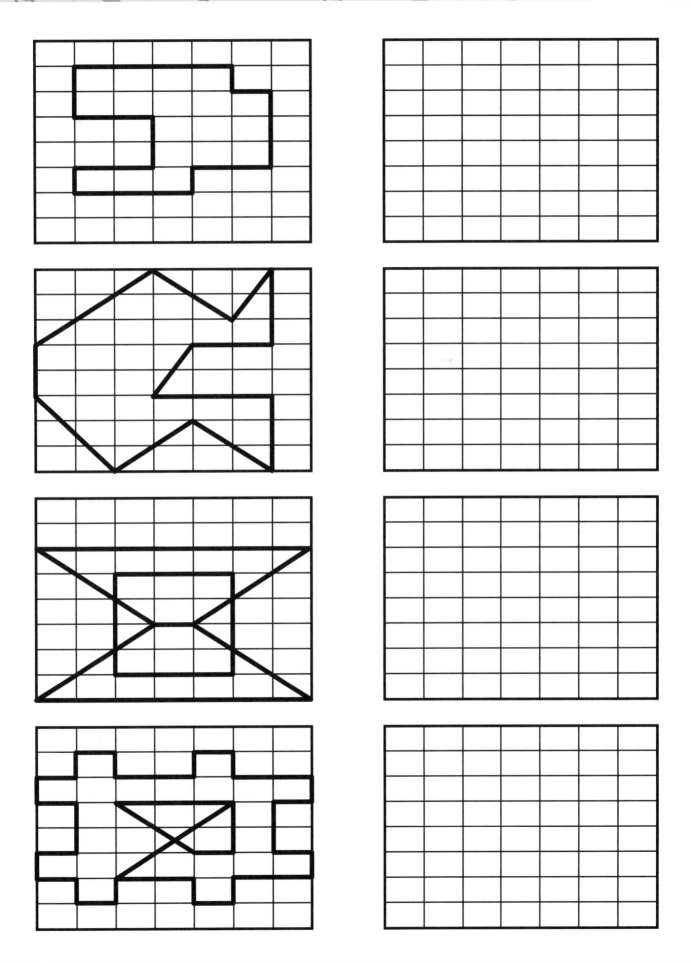

2分30秒

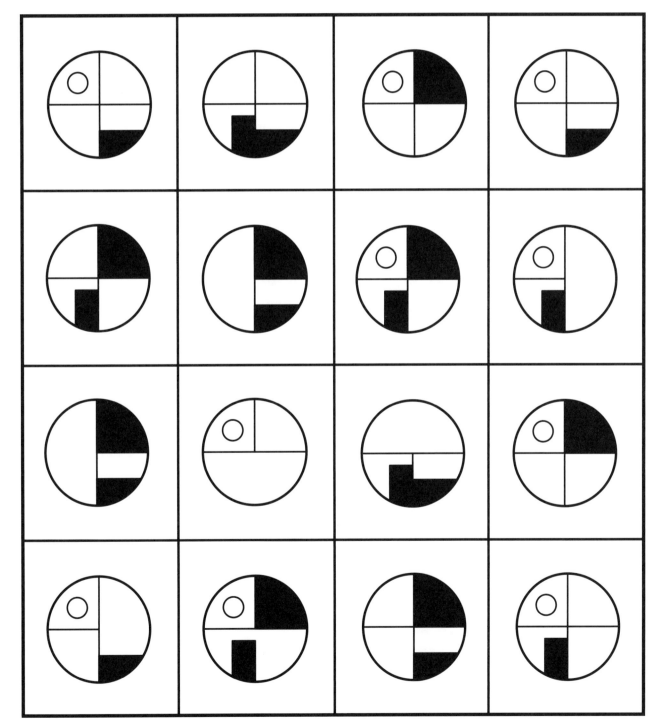

1分30秒

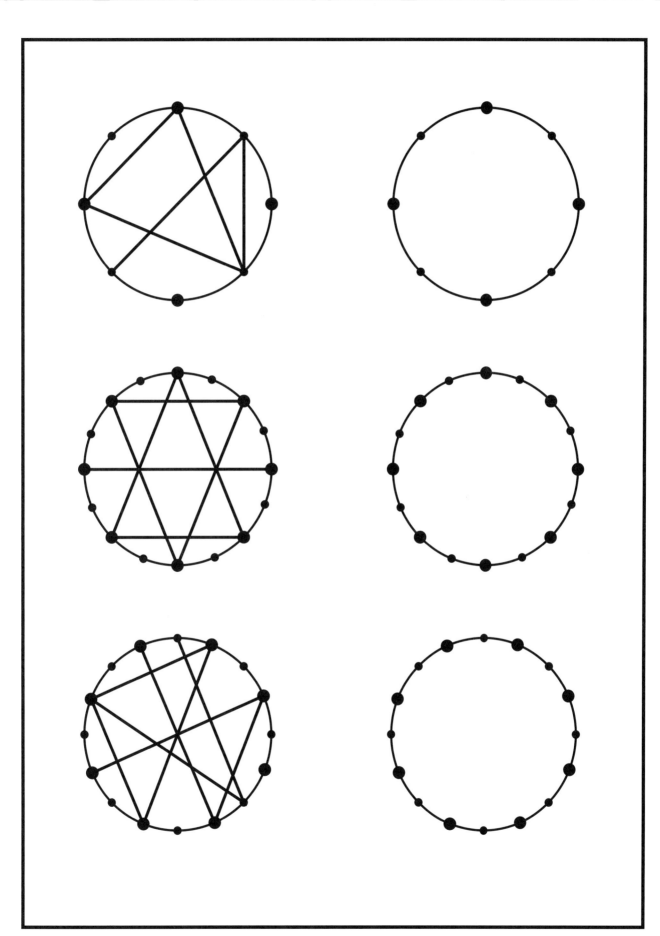

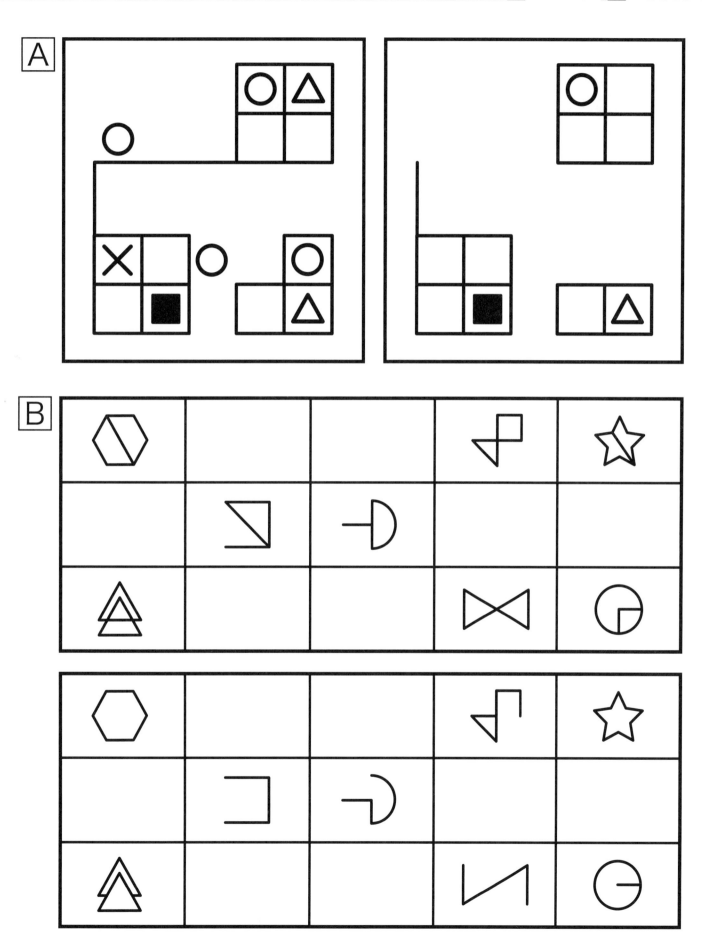

Ａ

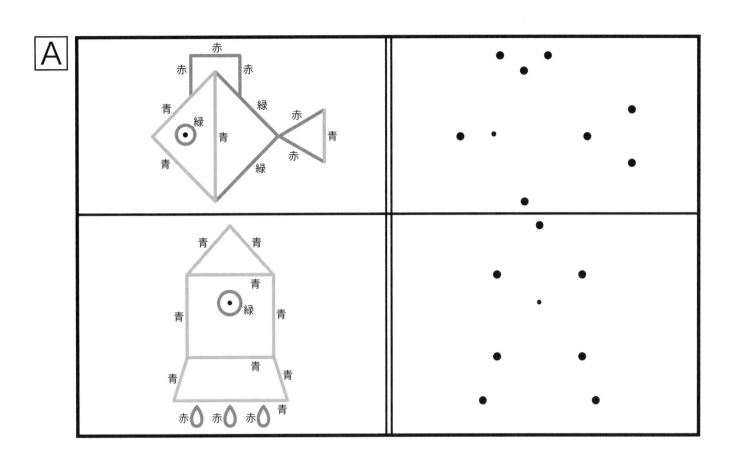

Ｂ

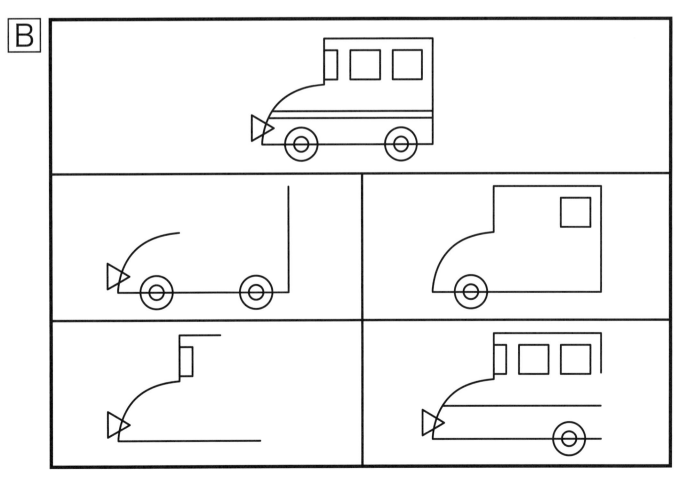

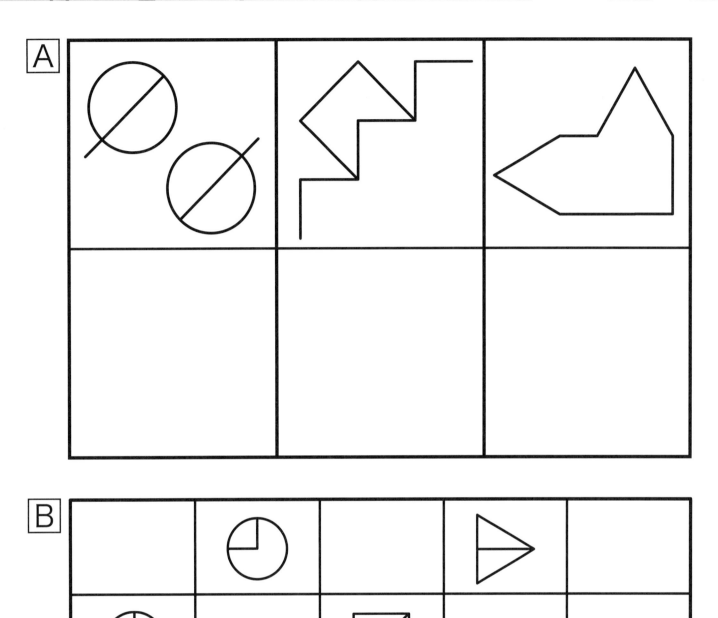

A

B

2分30秒

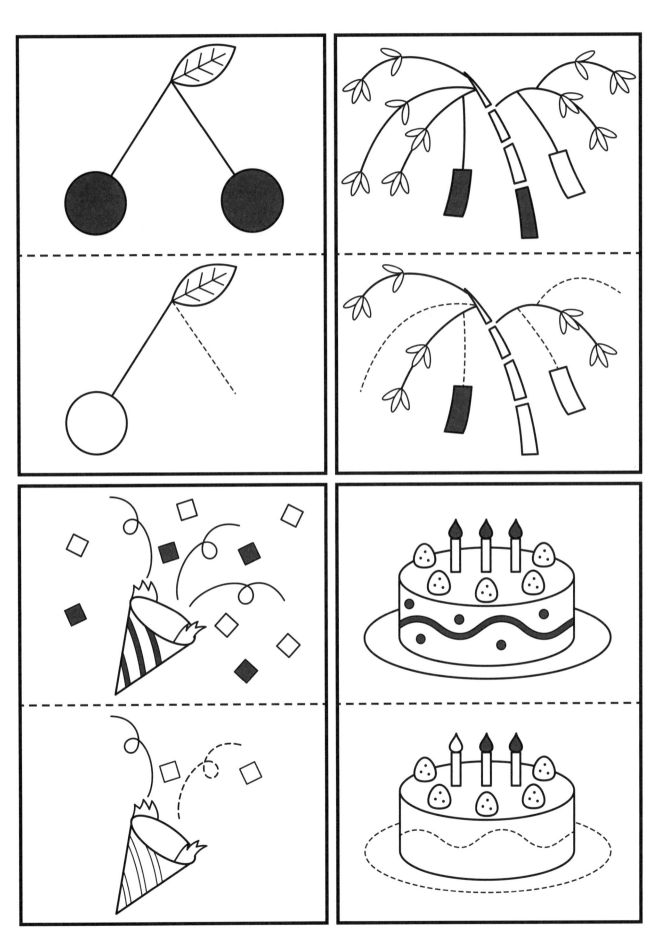

2分

Ⓐ

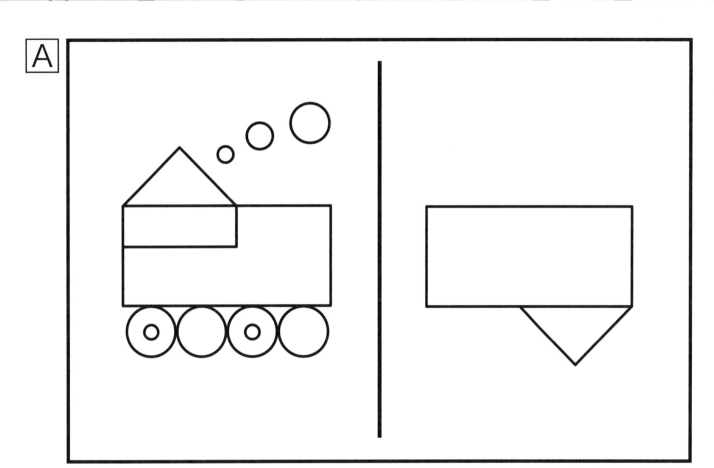

Ⓑ

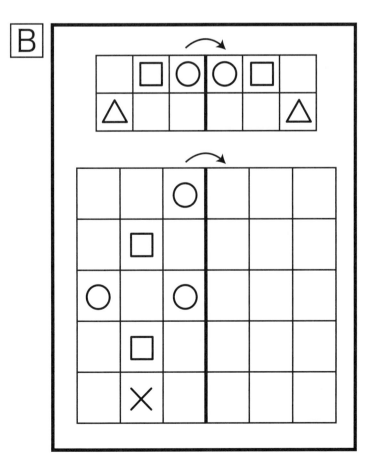

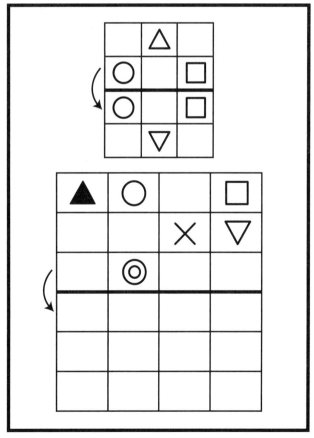

1分45秒

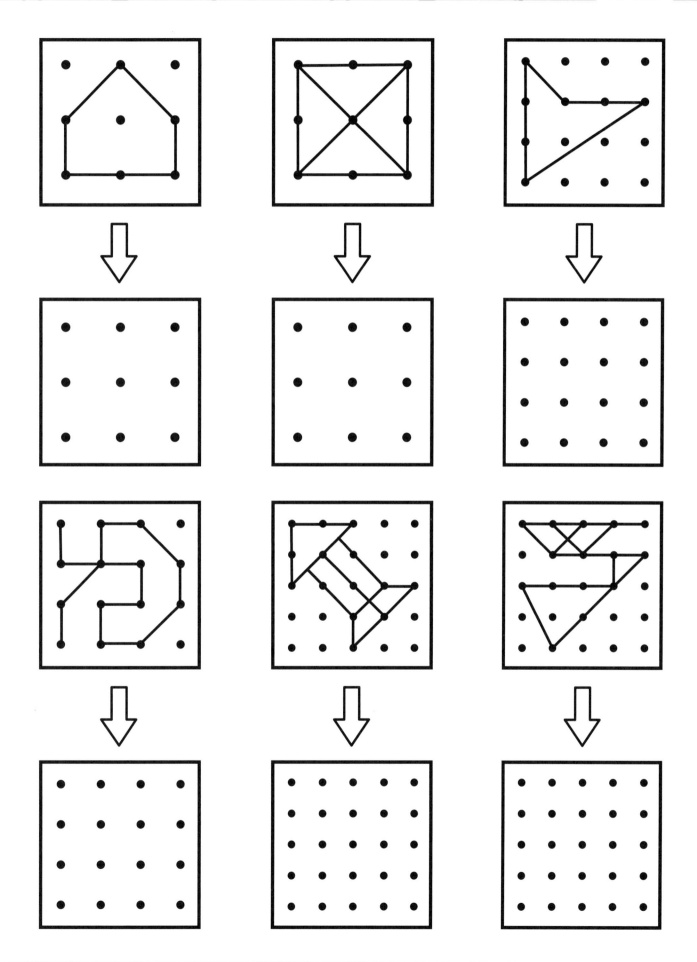

3分

☆　)　☆　)　☆　)　☆　)

1分30秒

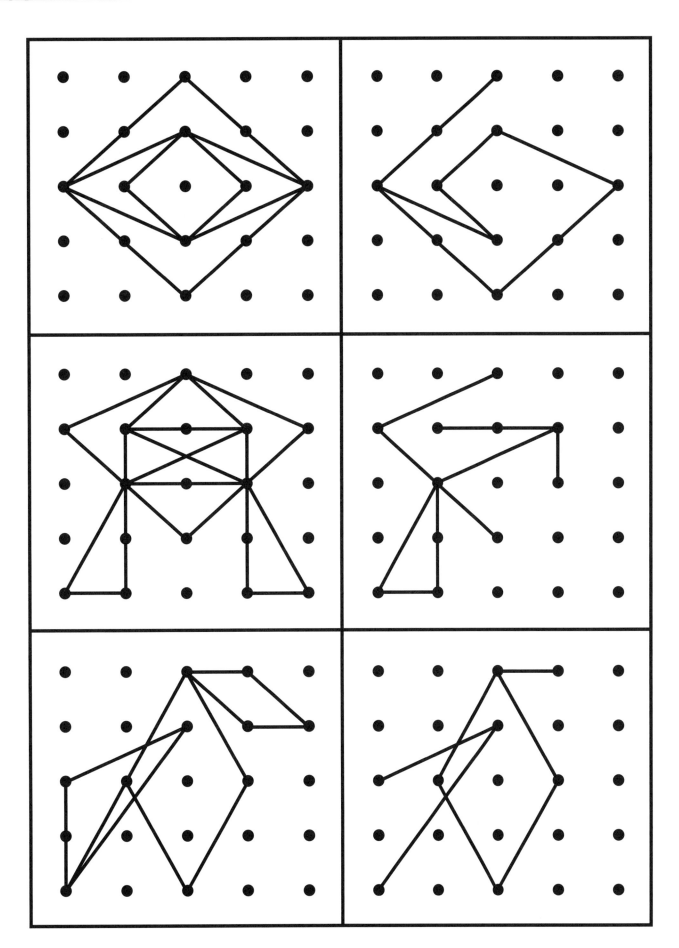

2分

35

A 1分20秒　B 1分20秒

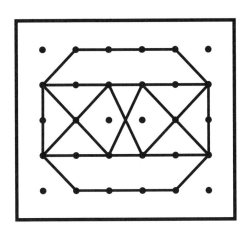

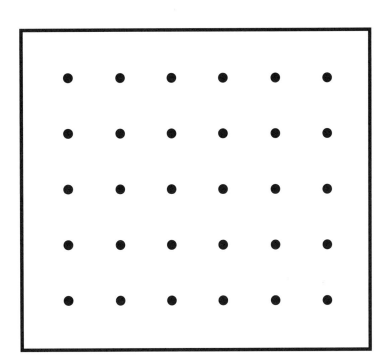

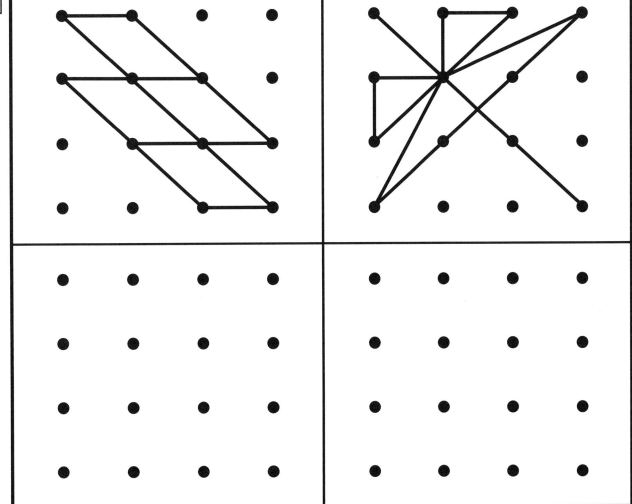

点図形⑤

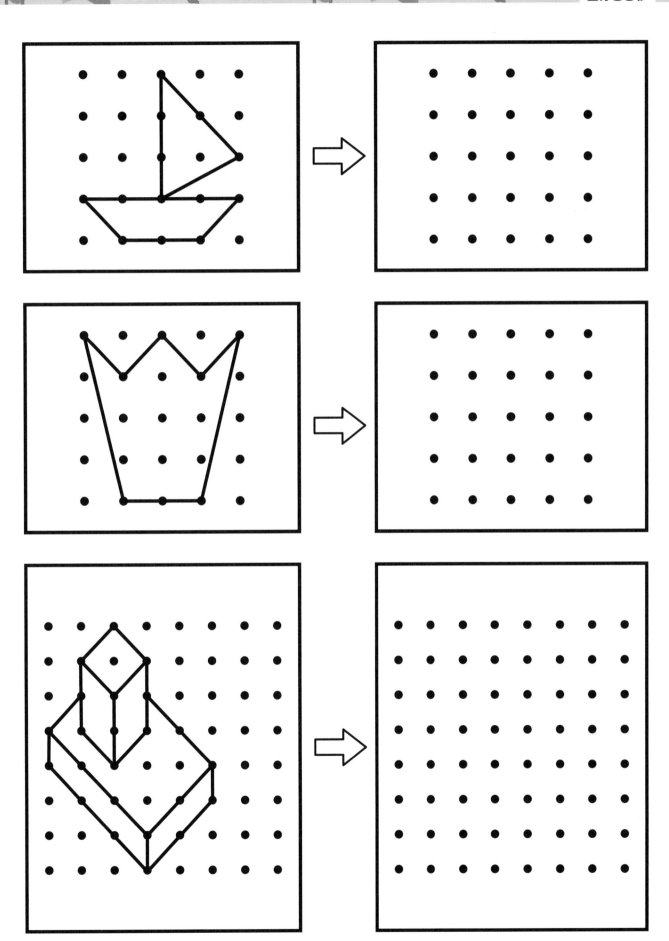

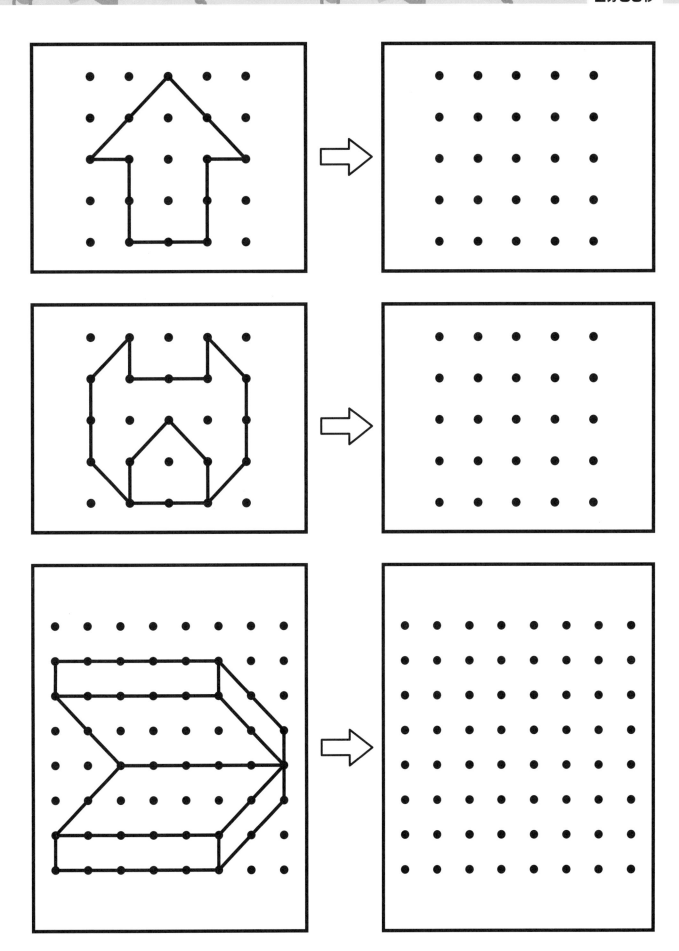

3分

A 2分　B 1分30秒

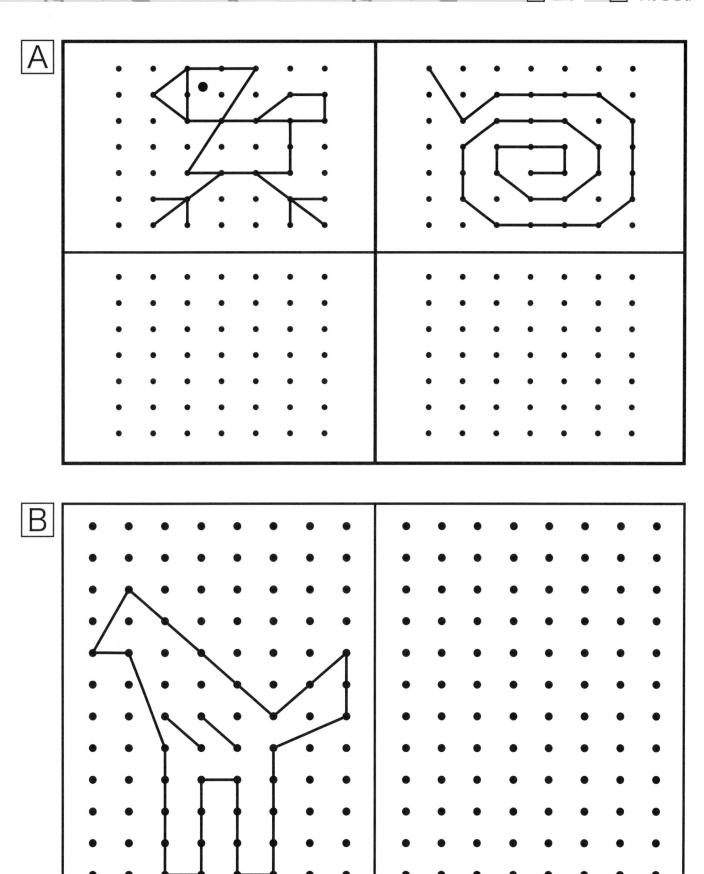

2分

47

2分30秒

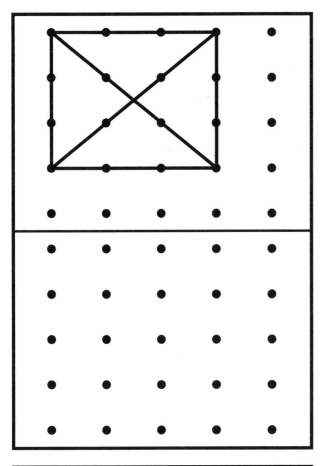

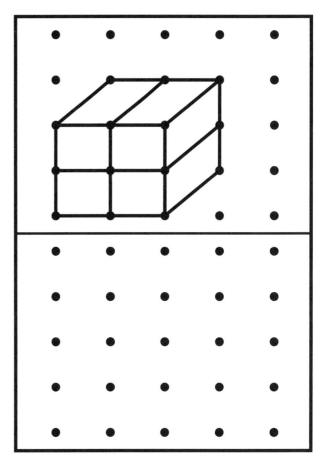

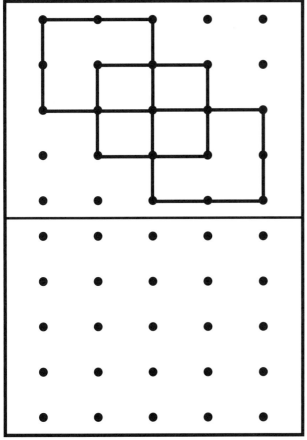

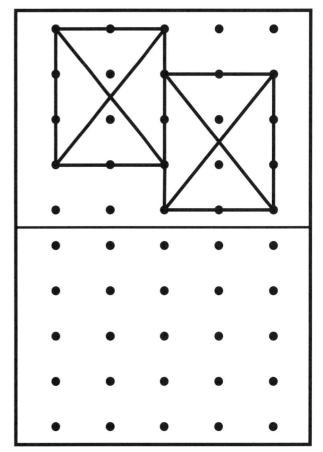

2分30秒

3分

A 1分 B 1分30秒

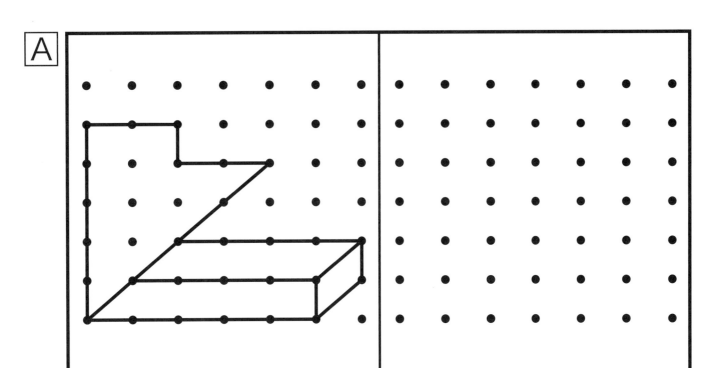

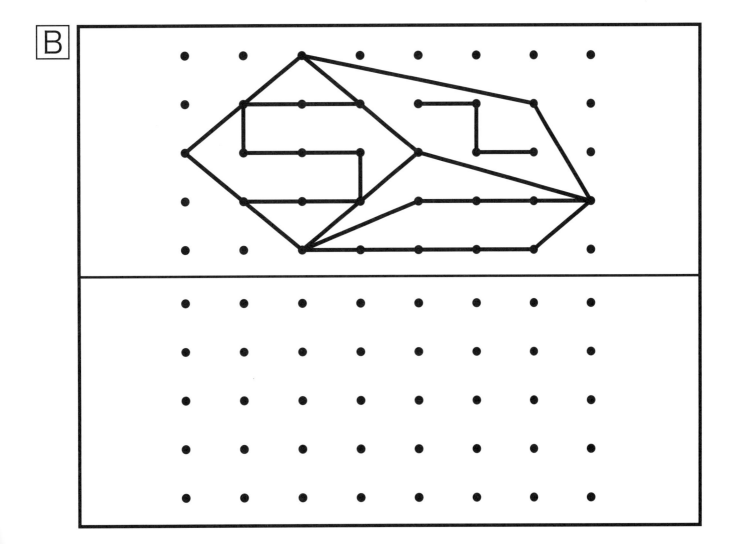

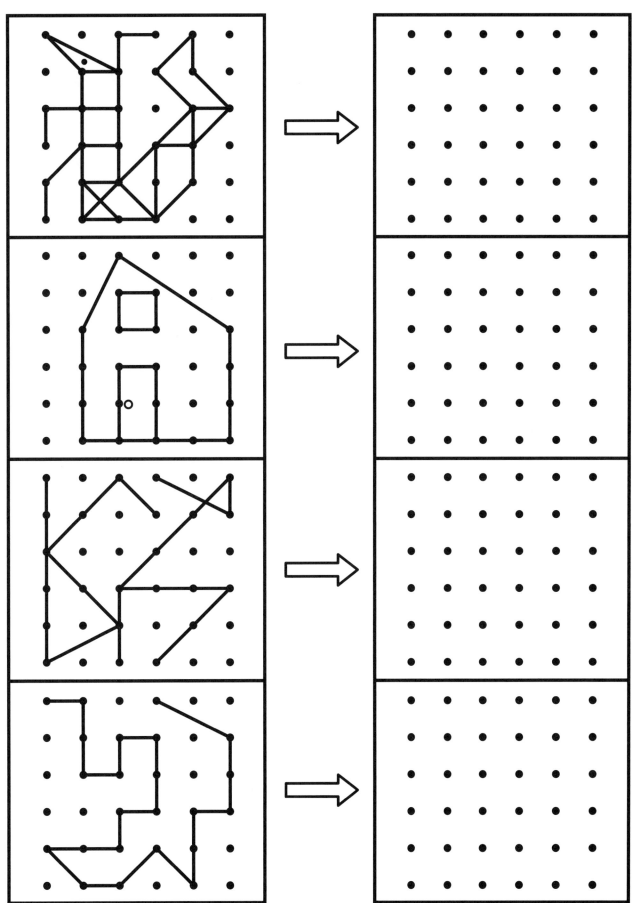

A

B

2分

61

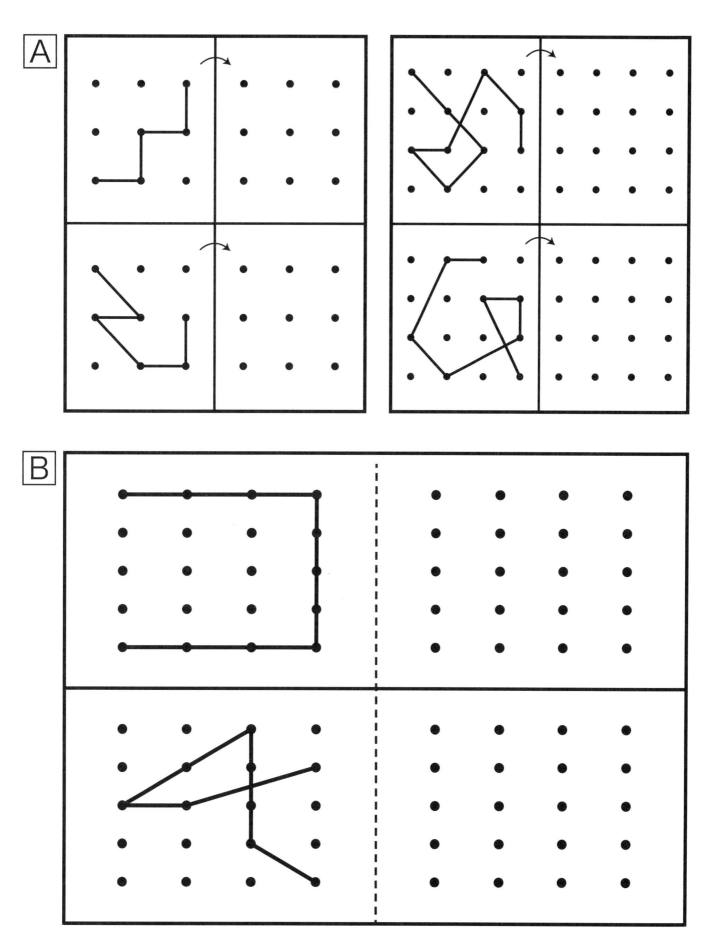

A 1分　B 1分30秒

A

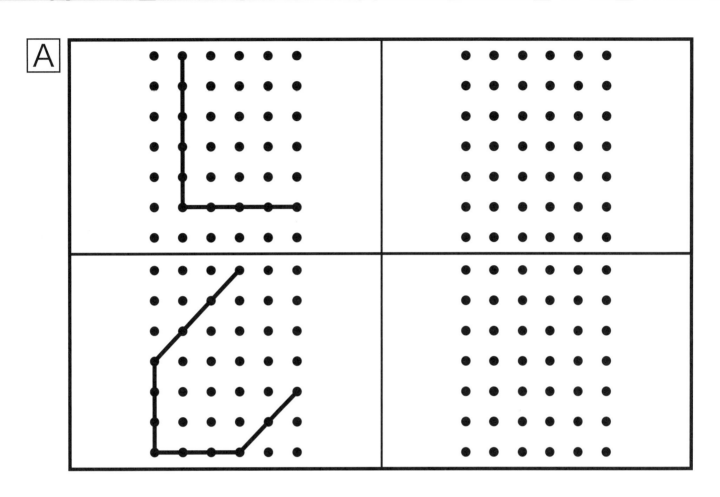

B

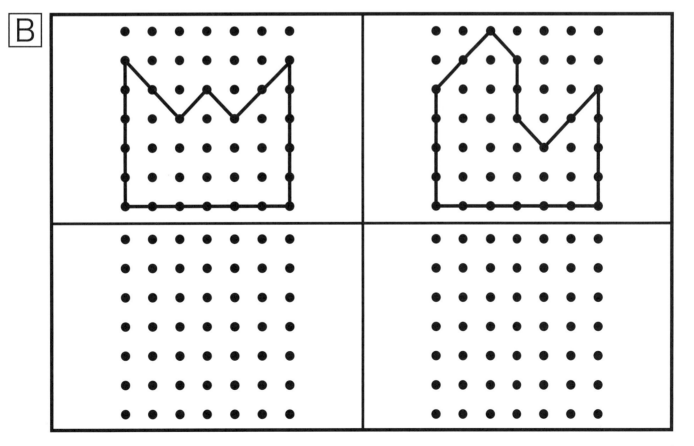

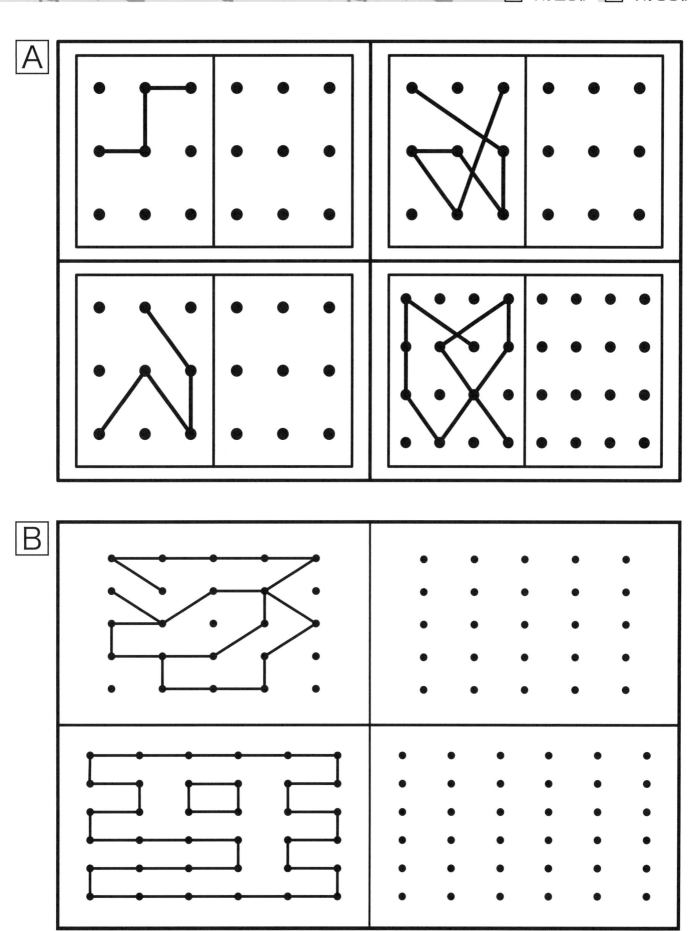

改訂版 私立・国立
小学校入試類似問題集
模写・点図形B

問題・解答例

　模写・点図形は、入学後の「文字を書く」学習につながります。
　「模写」は、お手本をよく観察してその通りにかき写すことが重要です。しっかりと丁寧にかくことを心掛けましょう。簡単な模写ほどとかく乱雑になりがちですから、どのような問題でも正しく、きちんとかき写しているかどうかに注意することが大切です。
　「点図形」は、お手本と解答欄の点の位置を正しく把握することが重要です。中には、点の数が多いもの、完成すると立体図になるものもあります。大人の感覚で難易度を判定せずに適切なヒントを与え、迅速かつ正確に取り組む習慣をつけるようにしましょう。

●保護者へのアドバイス

　この問題集に取り組む前に、お子さんにいろいろな線をたくさんかかせてみましょう。その際には、筆記用具の持ち方と姿勢をチェックします。利き手ではない方の手で紙をしっかり押さえ、体を起こして姿勢よく座っていますか。
　直線、曲線は文字を書く基本です。筆記用具を正しく持てなければ、きちんとした線はかけません。また筆記用具の持ち方が正しいお子さんは、おはしも正しく使えるはずです。このような物事への基本姿勢も、日ごろから大切にしていきましょう。

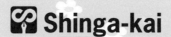

Shinga-kai

1 模写①

★★★

 A

●左のお手本と同じになるように、右の四角にかきましょう。

B

●上のお手本のお約束通りに、下のマス目に線をかきましょう。それぞれの段を
分けて考えていきましょう。

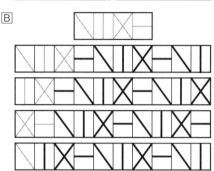

A	1回目	2回目	3回目
時間	1分30秒	1分15秒	1分

B	1回目	2回目	3回目
時間	3分45秒	3分	2分30秒

2 模写②

★★★

A

●左のお手本と同じになるように、右のマス目に○をかきましょう。

B

●左のお手本と同じになるように、右のマス目に印をかきましょう。

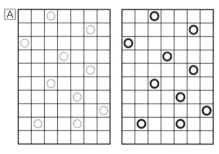

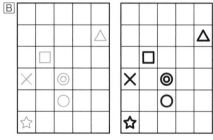

A	1回目	2回目	3回目
時間	1分30秒	1分15秒	1分

B	1回目	2回目	3回目
時間	2分15秒	1分50秒	1分30秒

3 模写③

★★★

●左のお手本と同じになるように、右のマス目に印をかきましょう。

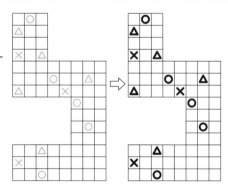

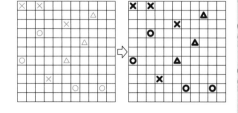

	1回目	2回目	3回目
時間	3分	2分30秒	2分

4　模写④　★★★

●左のお手本と同じになるように、右のマス目にかきましょう。

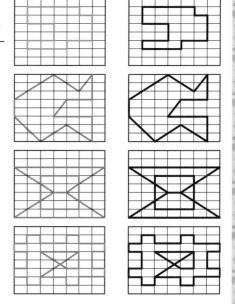

時間	1回目	2回目	3回目
	3分45秒	3分	2分30秒

5　模写⑤　★★★

●上のお手本と同じになるように、足りないところをかき足しましょう。全部やりましょう。

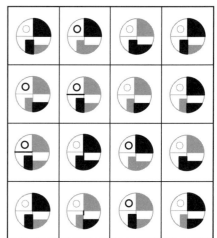

時間	1回目	2回目	3回目
	3分45秒	3分	2分30秒

6　模写⑥　★★★

●左のお手本と同じになるように、右にかきましょう。

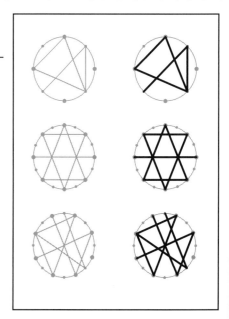

時間	1回目	2回目	3回目
	2分15秒	1分50秒	1分30秒

7 模写⑦ ★★★

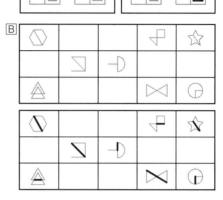

A

●左の四角がお手本です。お手本と同じになるように、右側の絵に線や印をかき
足しましょう。

B

●上のお手本と同じになるように、下の四角にかいてある形の足りないところを
かき足しましょう。

	1回目	2回目	3回目
A 時間	1分45秒	1分25秒	1分10秒

	1回目	2回目	3回目
B 時間	2分15秒	1分50秒	1分30秒

8 模写⑧ ★★★

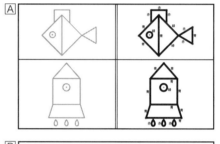

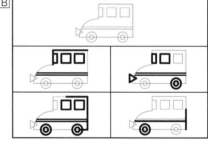

A

お手本の絵を指示通りの色でなぞってから行う。

●左のお手本と同じになるように、右にかきましょう。

B

●上のお手本と同じになるように、下の4つの絵に足りないところをかき足しま
しょう。

	1回目	2回目	3回目
A 時間	2分	1分40秒	1分15秒

	1回目	2回目	3回目
B 時間	2分15秒	1分50秒	1分30秒

9 模写⑨ ★★★

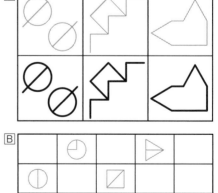

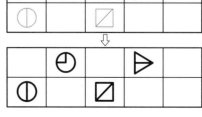

A

●上のお手本と同じように、下にかきましょう。

B

●上のお手本と同じように、下の四角に印をかきましょう。

	1回目	2回目	3回目
A 時間	1分45秒	1分25秒	1分10秒

	1回目	2回目	3回目
B 時間	1分30秒	1分15秒	1分

10 模写⑩ ★★★

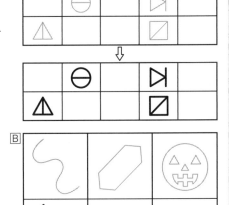

A

●上のお手本と同じように、下の四角に印をかきましょう。

B

●上のお手本と同じように、下にかきましょう。

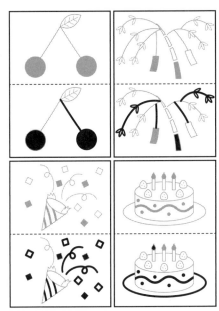

A 時間	1回目	2回目	3回目
	/1分10秒	/55秒	/45秒

B 時間	1回目	2回目	3回目
	/1分45秒	/1分25秒	/1分10秒

11 模写⑪ ★★★

●上のお手本と同じになるように、下の絵を塗ったり、点線をなぞったり、足りないところをかき足したりしましょう。

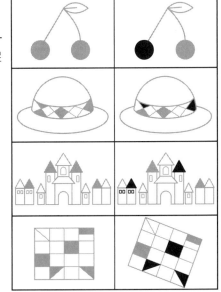

時間	1回目	2回目	3回目
	/3分45秒	/3分	/2分30秒

12 模写⑫ ★★★

●左側のお手本と同じになるように、右側の絵を塗り、足りないところを描き足しましょう。

時間	1回目	2回目	3回目
	/3分	/2分30秒	/2分

13 模写⑬ ★★★

A

●左の絵がお手本です。向きが変わっていますが、お手本と同じになるように右側の足りないところをかき足しましょう。

B

●透き通った紙にかかれたマス目と印があります。上はお手本です。下にかいてあるマス目を太い線で矢印の向きにパタンと折ると、印はどのようになりますか。上のお手本のように、太い線の反対側にかきましょう。左も右もやりましょう。

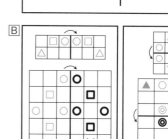

A	1回目	2回目	3回目
時間	1分30秒	1分15秒	1分

B	1回目	2回目	3回目
時間	2分	1分40秒	1分15秒

14 点図形① ★★☆

●上のお手本と同じになるように、下にかきましょう。

	1回目	2回目	3回目
時間	2分30秒	2分	1分45秒

15 点図形② ★★★

●左のお手本を、すぐ右の四角と星の四角を重ねて作ります。重ねてお手本のようにするには、星の四角にはどのような絵があればよいですか。足りないところだけ、星の四角に線をかいたり塗ったりしましょう。もし星の四角で間違えてしまったら、隣の月の四角にかき直しましょう。

	1回目	2回目	3回目
時間	4分30秒	3分45秒	3分

16 点図形③ ★★★

●それぞれ左のお手本と同じになるように、右の絵の足りないところをかき足しましょう。

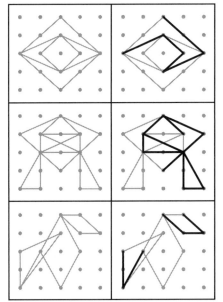

時間	1回目	2回目	3回目
	2分15秒	1分50秒	1分30秒

17 点図形④ ★★★

●左のお手本と同じになるように、右にかきましょう。

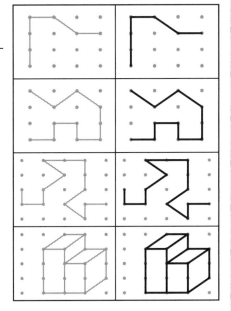

時間	1回目	2回目	3回目
	3分	2分30秒	2分

18 点図形⑤ ★★★

A
●左のお手本と同じになるように、右にかきましょう。

B
●上のお手本と同じになるように、下にかきましょう。

A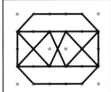

B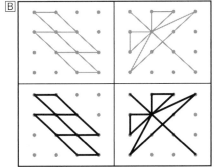

A 時間	1回目	2回目	3回目
	2分	1分40秒	1分20秒

B 時間	1回目	2回目	3回目
	2分	1分40秒	1分20秒

19　点図形⑥ ★★★

●左のお手本と同じになるように、右にかきましょう。下まで同じようにやって
　ください。

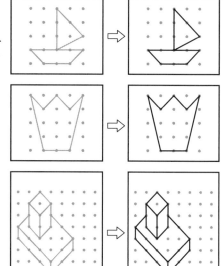

時間	1回目	2回目	3回目
	／3分45秒	／3分	／2分30秒

20　点図形⑦ ★★★

●左のお手本と同じになるように、右にかきましょう。下まで同じようにやって
　ください。

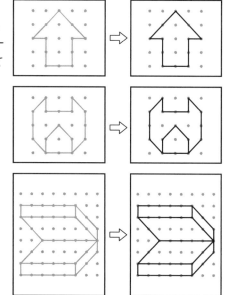

時間	1回目	2回目	3回目
	／3分45秒	／3分	／2分30秒

21　点図形⑧ ★★★

●左のお手本と同じになるように、右にかきましょう。

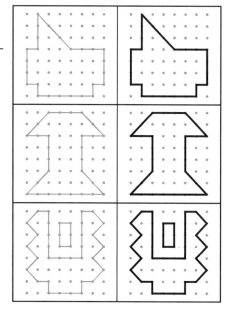

時間	1回目	2回目	3回目
	／4分30秒	／3分45秒	／3分

22　点図形⑨　★★★

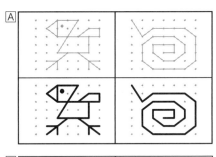

A

●上のお手本と同じになるように、下にかきましょう。

B

●左の絵がお手本です。鳥の頭は、上から下に3つ目、左から右に2つ目の点から始まっていますね。では、お手本と同じになるように、右にかきましょう。

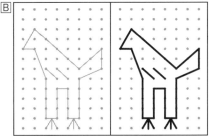

A 時間	1回目	2回目	3回目
	/ 3分	/ 2分30秒	/ 2分

B 時間	1回目	2回目	3回目
	/ 2分15秒	/ 1分50秒	/ 1分30秒

23　点図形⑩　★★★

●左側のお手本と同じになるように、右側にかきましょう。

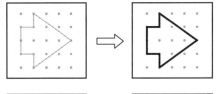
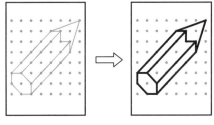

時間	1回目	2回目	3回目
	/ 3分	/ 2分30秒	/ 2分

24　点図形⑪　★★★

●上のお手本と同じになるように、下にかきましょう。

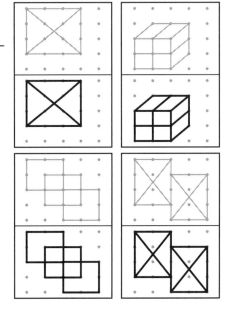

時間	1回目	2回目	3回目
	/ 3分45秒	/ 3分	/ 2分30秒

25 点図形⑫ ★★★

●左のお手本と同じになるように、右にかきましょう。

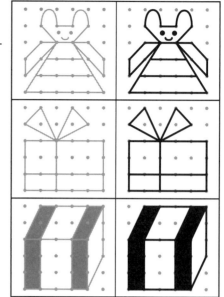

時間	1回目	2回目	3回目
	3分45秒	3分	2分30秒

26 点図形⑬ ★★★

●左側のお手本と同じになるように、右側にかきましょう。

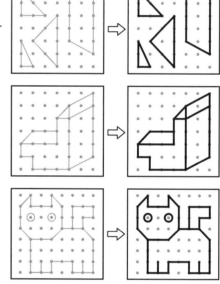

時間	1回目	2回目	3回目
	4分30秒	3分45秒	3分

27 点図形⑭ ★★★

A

●左のお手本と同じになるように、右にかきましょう。

B

●上のお手本と同じになるように、下にかきましょう。

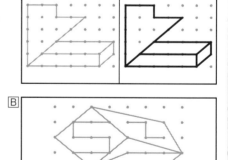

A 時間	1回目	2回目	3回目
	1分30秒	1分15秒	1分

B 時間	1回目	2回目	3回目
	2分15秒	1分50秒	1分30秒

28　点図形⑮　★★★

●それぞれ左のお手本と同じになるように、右にかきましょう。

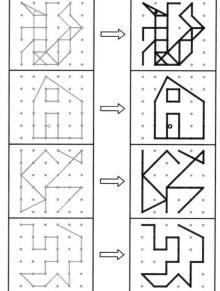

時間	1回目	2回目	3回目
	4分30秒	3分45秒	3分

29　点図形⑯　★★★☆

A

●左のお手本と同じになるように、右にかきましょう。

B

●左のお手本と同じになるように、右にかきましょう。

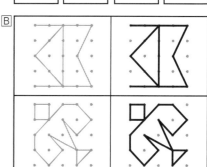

A 時間	1回目	2回目	3回目
	2分15秒	1分50秒	1分30秒

B 時間	1回目	2回目	3回目
	2分15秒	1分50秒	1分30秒

30　点図形⑰　★★★

●真ん中の線で折ったときにピッタリ重なるように、右側にかきましょう。

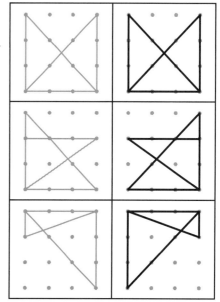

時間	1回目	2回目	3回目
	3分	2分30秒	2分

31　点図形⑱　★★★

A

●左のお手本をパタンと右に倒すと、どのようになりますか。右側にかきましょう。

B

●左の形を点線でパタンと右に倒すと、どのようになりますか。右側にかきましょう。

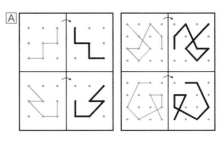

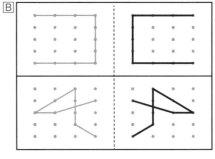

時間	1回目	2回目	3回目
A	／2分35秒	／2分5秒	／1分45秒

時間	1回目	2回目	3回目
B	／1分50秒	／1分30秒	／1分15秒

32　点図形⑲　★★★

A

●左の四角のお手本を真ん中の線で右にパタンと倒したとき、ピッタリ重なるように右の四角に形をかきましょう。

B

●上のお手本を真ん中の線でパタンと下に倒すと、どのようになりますか。下にかきましょう。

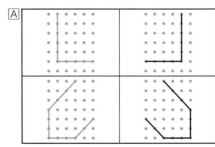

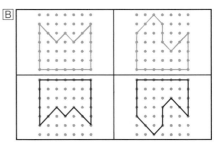

時間	1回目	2回目	3回目
A	／1分30秒	／1分15秒	／1分

時間	1回目	2回目	3回目
B	／2分15秒	／1分50秒	／1分30秒

33　点図形⑳　★★★

A

●左のお手本を真ん中の線でパタンと右に倒すと、どのようになりますか。右にかきましょう。

B

●左側のお手本を右にパタンと倒した様子を、右側にかきましょう。

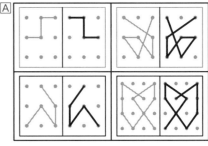

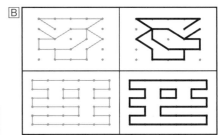

時間	1回目	2回目	3回目
A	／2分15秒	／1分50秒	／1分20秒

時間	1回目	2回目	3回目
B	／2分15秒	／1分50秒	／1分30秒